Jean-Pierre Rives

PETIT MANUEL DU RUGBY

pour elle(s)

Illustrations Caro

Préface Denis Charvet

éditions du corail

Remerciements

Elles m'ont soutenue et aidée avec enthousiasme : Gene Bru, Charlotte Bru-Villaret, Loulou Dessart, Alixia Gaidoz, Justine Heymans, Christelle Humbel, Nathalie Janvier, Cendrine Meurice, Liza Nortier, Isabelle Picarel, Delphine Violette.

Ils m'ont conseillée et encouragée avec le même enthousiasme : Antoine Belnat, Gilles Bizot, Philippe Bonnet, Stéphane Brault, Bibi Heuillet.

Ils ont répondu oui à ma folie, fait de ce livre une aventure merveilleuse et inoubliable : Caro, Caroline et Jean-Marc, les joueurs de mon équipe.

Ils m'ont tenu la main : Jean-Bernard Cabanel, mon père, Aurélien, mon fils.

Il m'a montré le chemin : Daniel Briand, mon éditeur de toujours.

Il a choisi les mots vrais : Denis Charvet, mon préfacier.

Elle a donné forme à mes désirs : Caro, mon illustratrice.

Il a remis son casque de capitaine qu'il avait troqué pour celui d'artiste
pliant des barres de fer pour écrire des mots, il a posé son regard de poète
et accepté d'ouvrir son cœur, un cœur… en or : Jean-Pierre Rives, mon auteur.

Chantal Inard, l'éditrice

32 rue des Martyrs de la Libération – 31400 Toulouse
editionsducorail@wanadoo.fr

Elle : Chantal Inard
Suivi éditorial : Caroline Vanhoove
Suivi artistique, conception graphique et maquette : Jean-Marc Béguin
Suivi de fabrication : Philippe Bonnet pour Perfecto
Impression : L.E.G.O.

PETIT MANUEL DU RUGBY pour elle(s)

À Sonia, la maman de Jasper-Jo et Kino-John

J.-P. R.

Préface
Denis Charvet

Elle, c'est ma mère, la sœur que je n'ai jamais eue, mes deux filles, et toutes les femmes qui m'ont tant fait rêver…
Quand j'étais joueur, on me demandait ce que je pensais d'elle – la joueuse de rugby.
L'enfant gâté que j'étais s'esclaffait de rire et le sale gosse narcissique qui se prenait pour Casanova dédaignait même de lui adresser la parole.
Joueuse de rugby ! Pas pour Casanova !

Vingt ans après,
Je leur demande pardon de l'insolence de ma jeunesse dorée.
Je sais aujourd'hui à quel point je les aimais, je les aime et les aimerai toujours.
J'aime leur douceur, leur fidélité, leur grâce et leur intelligence dans ce corps si fragile de femme.

Femmes, je vous découvre un peu mieux et vous admire un peu plus chaque jour.
Femmes, j'aime noyer mon regard dans le vôtre, tard dans la nuit.
Femmes, si uniques, aimez ce sport de brutes pratiqué par des gentlemen, qui magnifie l'homme et le rend meilleur encore…

Vous, jeunes filles, vous êtes mes filles qui courent sur la plage, un ballon de rugby dans les mains, et jouent à se faire des passes pour leur plus grand bonheur.
Belles, libres et gracieuses, elles aiment le rugby sans savoir vraiment pourquoi, simplement animées par la passion et le plaisir du jeu.
Ce jeu qui nous unit, hommes et femmes…

« Le rugby est l'histoire d'un ballon avec des hommes autour, et quand le ballon s'en va, il reste les hommes », dit Jean-Pierre Rives.

Dorénavant, il restera les femmes aussi…

1

Petite histoire du rugby

Et si le rugby n'avait pas été inventé par les Anglais, contrairement à l'idée la plus répandue…

La soule

Sans remonter jusqu'à l'Antiquité, déjà à l'époque médiévale, on trouve trace d'un jeu de balle collectif extrêmement violent – la soule –, qui se joue avec une boule en cuir remplie de son.
Des deux côtés de la Manche, ce divertissement est si populaire que les nobles, les religieux et même les rois s'y adonnent.
Pendant la Renaissance, la soule, encore appréciée par la noblesse française, demeure interdite au bas peuple outre-Manche. Elle sera tout de même autorisée en Irlande et tolérée dans certaines universités anglaises.
Vers la fin du XVIIIe siècle, l'engouement pour ce jeu, abandonné par l'aristocratie, décline en France, tandis que le « folk football » trouve refuge, en Angleterre, dans les collèges.

Le football selon Rugby

Selon la légende, au cours d'une partie de football, en 1823, William Webb Ellis, élève de la Rugby School, porte dans ses bras le ballon derrière la ligne de but adverse alors que la tradition est de le pousser au pied. Le geste de William Webb Ellis, dans une phase de jeu qui ne le permettait pas, a fait évoluer la règle du collège de Rugby. Mais comme il fallait bien se mettre d'accord sur les règles à adopter pendant les rencontres

entre collèges, les matchs se déroulèrent en respectant la règle du collège qui recevait. Le « Rugby-football » ou plutôt le « football selon Rugby » allait être joué suivant les règles de l'école de la ville de Rugby.

Un nouveau jeu est né

Progressivement, différentes règles vont être adoptées pour améliorer le jeu, comme la suppression de certains coups dangereux – on interdit de s'en prendre aux joueurs qui ne possèdent pas le ballon, ce qui va créer le hors-jeu ; la diminution du nombre de joueurs de vingt à quinze ; l'autorisation de la passe à la main – en permettant de prendre de ballon avec les mains, on combine ainsi un jeu de balle et le contact avec l'adversaire.

Parallèlement, le rugby, jusque-là réservé aux élites, gagne toutes les couches sociales, et déjà se pose, dans les années 1880, la question du professionnalisme, car certains clubs réclament une aide pour rembourser aux ouvriers le temps de travail perdu à cause des matchs disputés le samedi, un jour ouvré.

« Le passé conditionne le présent et nous garantit le futur… » J.-P. R.

Quelques dates

1823	William Webb Ellis « invente » le rugby
1843	Le *Guy's Hospital*, premier club de rugby, est fondé en Angleterre
1870	Codification du rugby
1871	Premier match « international » à Édimbourg qui oppose l'Écosse à l'Angleterre
1877	Le nombre de joueurs passe de 20 à 15
1910	Première participation de l'Équipe de France au Tournoi des V Nations
1947	La France réintègre le Tournoi interrompu pendant plusieurs années lors de la Seconde Guerre mondiale
1954	Le Quinze de France remporte le Tournoi des V Nations pour la première fois
1968	Premier Grand Chelem décroché par les Bleus
1978	L'équipe française intègre l'IRB – l'International Rugby Board
1981	L'Afrique du Sud est exclue de toute rencontre internationale à cause de l'apartheid. Elle réintégrera le rugby international en 1995 à l'occasion de la Coupe du monde qui aura lieu sur ses terres
1987	Première Coupe du monde
1995	Professionnalisation du rugby ; les joueurs jusqu'ici amateurs sont désormais rémunérés
2000	Le Tournoi des V Nations devient le Tournoi des VI Nations avec l'entrée de l'Italie

Du port du Havre à la capitale de l'Ovalie

1872	Création du premier club français : Le Havre Athlétic Club
1882	Création à Paris du Racing Club de France par les élèves du lycée Condorcet
1883	Création à Paris du Stade Français par les élèves du lycée Buffon
1885	Fondation du Stade Bordelais
1907	Création du club du Stade Toulousain

2 Petit joueur deviendra grand !

À l'école de rugby, on apprend d'abord le plaisir du jeu, la course et les passes. Les contacts sont limités, on ne pousse pas en mêlée, on ne tape pas les pénalités, on ne soulève pas un joueur en touche…

« Le rugby, de manière générale, permet à des enfants de grandir un peu plus vite, et à des hommes de rester un peu plus longtemps enfants. Dans la tête, on peut jouer de 7 à 107 ans, sur le terrain de 7 à 37. » J.-P. R.

« À quel âge j'ai commencé à jouer au rugby ? J'ai d'abord joué au tennis, et vers 13 ans, je suis passé à travers la porte du gymnase en verre cathédrale, et le maître m'a demandé de venir faire un essai le lendemain à l'école de rugby… » J.-P. R.

Mini-Poussins
Divisés en 3 catégories :
- Joueurs de moins de 5 ans
- Moins de 7 ans
- Moins de 9 ans

Poussins
- Joueurs de moins de 11 ans

Benjamins
- Joueurs de moins de 13 ans

Minimes
- Joueurs de moins de 15 ans

Cadets
- Joueurs de moins de 17 ans

Juniors
- Joueurs de moins de 19 ans

Espoirs
- Joueurs de moins de 21 ans

Seniors
- Joueurs à partir de 19 ans

Vétérans
- Joueurs de plus de 35 ans

Petit nécessaire
du sac de sport

Tout le matériel est homologué par l'IRB.

Tenue de base

Un maillot ; un short ; une paire de chaussettes ; une paire de chaussures à crampons.
Le maillot est moulant pour moins de prise pendant certaines phases du jeu, comme le plaquage notamment ; en matière synthétique pour être moins lourd sous la pluie – le synthétique ne gardant pas l'eau. Le maillot ne doit jamais être taché de sang.

Facultatif

Un casque pour protéger la tête et les oreilles, des protège-tibias, des épaulières, des coudières, des mitaines, une armure (un sous maillot matelassé), un protège-dents, une coquille, un tee…

Interdit

Bijoux, tels que bague, boucles d'oreilles, piercing…
Pas d'équipement coupant.
Les chaussures avec un seul crampon au bout.

Indispensable

Un ballon ovale car plus facile à maintenir sous le bras ou dans les mains qu'un ballon rond.
À l'origine, au XIXe siècle, il était réalisé dans des vessies de porc de forme plus ou moins allongée, ces vessies étaient gonflées et renforcées par des morceaux de cuir cousu à la main, il a été fabriqué en caoutchouc vers 1870, puis à partir des années 1980, en matières synthétiques totalement imperméables.

2 Du rugby et des hommes…

Arbitre

Un rôle difficile, des règles nombreuses, des situations parfois confuses (mêlée, jeu au sol) à analyser et à interpréter (faute volontaire ou pas ?), action illicite, grave ou pas par rapport au règlement… L'arbitre travaille désormais, lui aussi, en équipe avec deux juges de touche. Ces derniers, positionnés de chaque côté du terrain avec un drapeau à la main, l'assistent pour marquer les sorties du ballon en touche et déterminer quelle équipe va bénéficier du lancer ; pour signaler, en levant leur drapeau derrière les poteaux, si une transformation ou une pénalité a réussi, pour veiller à détecter toute faute qui aurait pu échapper à l'arbitre central…
Lors des matchs internationaux, l'équipe d'arbitres compte 8 éléments : l'arbitre central, ses 2 juges de touche, 2 juges d'en-but, un arbitre vidéo pour les essais, 2 arbitres de banc pour les remplacements.

« L'arbitre, il faut lui faire confiance. Ce n'est pas un boulot agréable qu'il fait car les règles sont compliquées, mais il le fait très bien et il faut respecter ses décisions. Il faut savoir accepter « l'erreur » d'arbitrage, elle fait partie du jeu et de l'éducation. Les joueurs ne doivent pas arbitrer, les arbitres sont payés pour cela. De toute façon, ils sont souvent anglo-saxons et leurs décisions sont intraduisibles… même en anglais. »

J.-P. R.

Entraîneur / Coach

Pour les amateurs comme pour les professionnels, l'entraîneur est une figure essentielle de la pratique du rugby. Les entraîneurs sont d'anciens joueurs, qui, à l'âge de la retraite (donc, très jeunes), souhaitent inculquer les valeurs et la technique du rugby, qu'ils ont eux-mêmes apprises sur le terrain.
Plusieurs entraîneurs peuvent travailler ensemble pour une même équipe, certains étant spécialisés dans des phases de jeu spécifiques (mêlée, touche…). Ainsi, de nos jours, un coach pour entraîner le pack avant, et un coach pour les 3e lignes sont venus seconder l'entraîneur.

Temps

L'arbitre assure le chronométrage de la partie. Durée du jeu 80 minutes : deux mi-temps de 40 minutes chacune avec, au milieu, 10 minutes d'interruption. plus le temps perdu, les prolongations… À la mi-temps, les équipes changent de côté sur le terrain.

Le temps perdu

Le temps perdu peut avoir diverses causes, telles que blessure, remplacement… L'arbitre peut aussi donner à tout joueur le temps de renouer un lacet de chaussure.

Prolongation

Les matchs internationaux durent toujours 80 minutes plus le temps perdu.

- Si la durée expire et si le ballon n'est pas mort ou qu'une mêlée, une touche, un arrêt de volée, un coup de pied franc ou un coup de pied de pénalité a été accordé, l'arbitre autorise la poursuite du jeu jusqu'à ce que le ballon soit à nouveau mort.
- Si la durée expire après qu'un essai a été marqué, l'arbitre autorise une prolongation pour permettre de tirer un coup de pied de transformation.

Entraînement

Les équipes professionnelles s'entraînent tous les jours.
La préparation physique est une part importante de l'entraînement. Les joueurs travaillent la musculation – différemment suivant leur poste –, et la course.
Technique et tactique sont également étudiées séparément selon le poste. Tous se retrouvent ensuite pour évoluer sur le terrain dans les conditions des matchs.

2 L'équipe
et le terrain

Les avants

Le pack désigne l'ensemble des avants regroupés pour disputer une mêlée.

« Les cinq de devant, ils sont plutôt « gros », avec ou sans oreilles, selon le modèle. Certains ont des bandeaux, d'autres pas. Il y a ceux qui poussent et d'autres qui essaient de pousser. Il y en a qui sautent et d'autres qui essaient de sauter. Ceux qui ne peuvent pas sauter, poussent, et ceux qui ne peuvent pas pousser, sautent. Globalement tout le monde pousse et saute. Tout ça fonctionne à peu près bien, tant que l'arbitre n'y met pas son nez. » J.-P. R.

Première ligne

« Un endroit très particulier, où l'on se parle d'une manière particulière, et où l'on se raconte des histoires de piliers. » J.-P. R.

(1) Pilier droit
Les piliers, les « poids lourds », dont le poids varie entre 110 et 130 kilos.

(3) Pilier gauche

(2) Le talonneur lance le ballon lors de la touche, et le « talonne » dans la mêlée.

« Sa particularité : c'est l'un des rares de devant qui doit savoir se servir de ses mains et de ses pieds. » J.-P. R.

Deuxième ligne

(4) et (5)

« Ils sont faciles à reconnaître, ce sont les plus grands et ils portent des bandeaux. S'ils n'ont pas de bandeaux, c'est qu'ils n'ont plus d'oreilles, ce qui ne veut pas dire qu'ils n'entendent pas. Alors, soyez gentille avec eux… » J.-P. R.

Troisième ligne

Ils poussent sur ceux de devant pour défendre et attaquer. Comme ils ramassent les joueurs et les ballons, on les appelle « la voiture-balai du rugby ».

6 3e ligne gauche ou flanker gauche

7 3e ligne droit ou flanker droit

8 3e ligne centre ou lock

« Un troisième ligne tant qu'il est à moins de 10 mètres du ballon, c'est un bon. » J.-P. R.

La charnière

Ils mettent le ballon dans la mêlée, et surtout doivent le sortir, ou le faire passer à un équipier mieux placé.

9 Demi de mêlée

« C'est celui qui parle, c'est aussi le plus vif. » J.-P. R.

10 Demi d'ouverture

« C'est vraiment lui qui oriente le jeu. » J.-P. R.

Les arrières
(ou trois-quarts)

(11) à (15)

« Ils sont supposés courir plus vite que les autres, et doivent passer dans des trous d'aiguille pour marquer des essais. On les appelle aussi les gazelles. » J.-P. R.

Ailiers

« Ce sont les finisseurs, ceux qui marquent l'essai. Comme ils courent le long de la ligne, ils sont le plus près des spectatrices. » J.-P. R.

(11) Ailier gauche

(14) Ailier droit

Trois-quarts centre

« Ils forment une caste. » J.-P. R.

(12) Centre gauche (ou 1er centre)

(13) Centre droit (ou 2e centre)

L'arrière

(15)

L'essai est souvent marqué avec la complicité de l'arrière.

« Le n°15 vient se positionner dans l'attaque pour faire un surnombre. Son pire ennemi est le rebond du ballon. » J.-P. R.

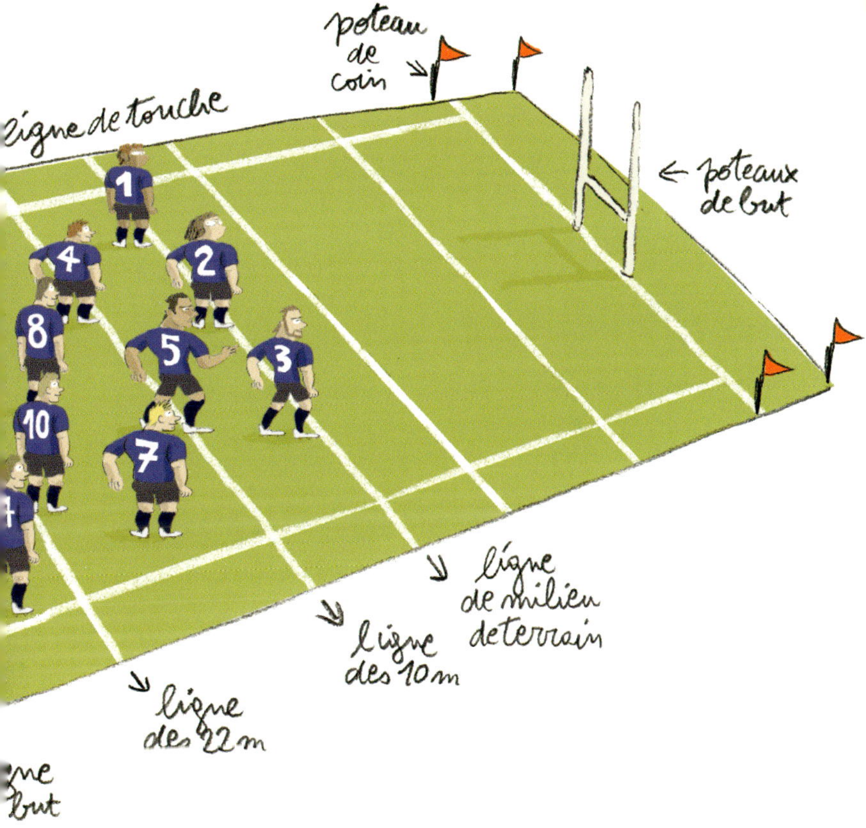

Les remplaçants

Du numéro 16 au numéro 22, ce sont les remplaçants, Ils sont assis sur le banc de touche, ou se « chauffent » avant d'entrer sur le terrain. Sept joueurs peuvent être remplacés pendant un match. Un joueur expulsé ne peut être remplacé.

3

Des talons
aux crampons...

Il n'y a pas que des hommes qui jouent au rugby ! Encore très peu médiatisé, le rugby féminin compte de plus en plus d'adhérentes.

Un peu d'histoire

Les premières équipes de rugby féminin voient le jour en France en 1965, créées par des jeunes lycéennes ou universitaires, pour la plupart, désireuses de contribuer efficacement à la vaste campagne contre « la faim dans le monde ». C'est la première apparition en France d'équipes complètes à XV entraînées souvent par des équipes masculines. Au fil des ans, quelques équipes s'organisent en associations loi 1901 pour pratiquer le rugby.

Créé en 1966, le plus ancien club est celui des *Violettes Bressanes*. Viendront ensuite, en 1967, les *Coquelicots de Tournus*, puis le *Toulouse Femina Sports* en 1968. À la demande de ces clubs naît, en 1970, l'Association Française de Rugby Féminin (AFRF) avec des statuts officiellement déclarés en préfecture de Toulouse.

Dès 1973, l'AFRF essaye, par des contacts réguliers, de dialoguer avec la Fédération Française de Rugby, mais ce n'est qu'en octobre 1982 qu'un protocole d'accord est conclu, suivi, en décembre 1983, d'un agrément donné par le Ministre de la Jeunesse, des Sports et des Loisirs.

En 1984, l'Association Française de Rugby Féminin devient Fédération Française de Rugby Féminin qui sera ensuite intégrée, en 1989, au sein de la Fédération Française de Rugby avec une Commission féminine.

De 1995 à 2008, Wanda Noury, première femme élue au Comité Directeur de la FFR, est en charge de la Commission féminine et de l'Équipe de France dont elle est le manager – une charge dévolue depuis 2008 à Nathalie Janvier. Depuis l'an 2000, le rugby féminin a obtenu le statut de sport de haut niveau.

Les compétitions

Trois compétitions officielles rythment la vie de l'Équipe de France féminine.

La Coupe du monde, depuis 1991

Elle a lieu tous les quatre ans, années paires, il faut noter que la première coupe a été officiellement reconnue par le Board en 1998.

Le championnat d'Europe FIRA, depuis 1995

Le Tournoi des VI Nations

Angleterre, Écosse, France, Irlande, Italie, Pays de Galles.
En 1999 débute le Tournoi des V Nations, devenu Tournoi des VI Nations depuis 2001, compétition dans laquelle l'Équipe de France féminine s'est brillamment illustrée.

Le Quinze de France au féminin

Portrait type d'une joueuse
- Âge moyen : 22 ans
- 15 heures de pratique sportive par semaine
- Une vie de femme (...) et le rugby au quotidien !

Pourquoi le rugby ?
Pour...
- L'esprit d'équipe
- La solidarité
- La fierté du maillot

Et aussi...

L'Équipe de France joue des rencontres internationales pendant la saison, comme un 1er match au Stade de France en lever de rideau du XV masculin le 21 novembre 2009 contre le Canada, ou encore une participation à la Coupe des Nations au Canada en août 2009.

Le palmarès

À en faire pâlir plus d'un...

2002, 2004 et 2005 ⇢ Trois Grands Chelem remportés

1999, 2000 et 2004 ⇢ Championnes d'Europe

Coupe du monde 2002 et 2006 ⇢ Troisième place du podium

Le rugby à 7

Réunissant les conditions requises – un sport joué sur les cinq continents et pratiqué par les hommes et les femmes –, le rugby est reconnu discipline olympique en 2010. Mais il sera joué à 7 et non à 15. Pour cela, la France développe actuellement cette pratique et les féminines sont, là encore, représentées puisque l'équipe de France 7 féminin participe aux tournois de HongKong, Rome, Dubai… Les matchs durent deux fois sept minutes, et deux fois dix minutes pour la finale.

Quelques chiffres

Si à la fin des années 1980, le rugby féminin comptait environ 500 licenciées, réparties dans 25 clubs, on en recense aujourd'hui plus de 13 000, réparties dans une centaine de clubs dans toute la France. Des chiffres en progression constante.

Être une fille et jouer au rugby

Le rugby, un sport dangereux et masculin ? Pour toutes celles qui veulent tordre le cou à un cliché qui a la peau dure, un seul contact sur le site de la FFR « http://www. ffr.fr »
Pendant la Coupe du monde de rugby masculin, en août 2007, des conventions signées avec l'Éducation Nationale ont permis à de nombreuses jeunes filles de découvrir le rugby à l'école primaire, au collège, au lycée, dans les universités… et de poursuivre cette expérience en club par la suite.
Il n'existe pas (encore) de joueuses professionnelles. Pourtant, mêmes règles, même combat ! Mais les *after-shave* de la troisième mi-temps sont remplacés par des bâtons de rouge à lèvres…

Liza vient de Paris, région où les clubs de rugby se comptent sur les doigts d'une main… Alors vouloir jouer quand on est une fille est un combat semé d'embûches.

C'est donc dans le Sud de la France qu'elle joue au rugby depuis quelques années et elle en est très fière.

Elle aime son équipe et ses coéquipières.

Elle se rend à TOUS les entraînements, qu'il vente ou qu'il pleuve.

Elle ne fait pas de chichis sur le terrain : un match sans bleus est un match raté.

Après le match, elle enfile une robe et sort des vestiaires.

Elle aime gagner, mais avant tout jouer : elle a fait sienne la phrase célèbre de Pierre de Coubertin « l'essentiel est de participer ».

Elle est patiente quand on lui pose des questions sur sa passion pour ce sport, et explique que « non, le rugby n'est pas que pour les garçons », et que, « oui merci, elle se sent très bien dans sa peau… »

« Depuis quelques années déjà, « elle », le joueur de rugby femelle, est apparue pour notre plus grand bonheur. Elle joue au rugby avec grâce et élégance, et quand elle rencontre un joueur de rugby mâle, ils se marient et ont beaucoup de petits joueurs de rugby sans bandeau et avec des oreilles, tout au moins au début… Ainsi vont les choses du rugby et de la vie. » J.-P. R.

4 Des stades... mythiques !

Certains sont uniquement dédiés au rugby, d'autres accueillent aussi des manifestations sportives telles que football, cricket, athlétisme... Dans ces enceintes gigantesques résonne souvent la musique des concerts de groupes de rock ou d'artistes capables de les remplir.

HÉMISPHÈRE NORD

/ Angleterre
Twickenham

Situation :	**Sud-Ouest de Londres**
Inauguration :	**Octobre 1909**
Capacité :	**82 076 places**

Cette enceinte, véritable temple dédié au rugby, est également appelée *Twickers*. Elle abrite le siège d'un musée qui retrace l'histoire du rugby. De 1994 à 2004, Twickenham se dresse comme une forteresse imprenable pour les adversaires des Anglais, qui y disputent dix-neuf rencontres consécutives sans défaite...

L'hymne qui y résonne : *God save the Queen* supplanté par *Swing Low, Sweet Chariot* – chant d'encouragement des supporters anglais.

« Tous les matchs internationaux à Twickenham commencent par une *nice garden-party* – un pique-nique chic – sur le parking situé à côté du stade. Puis à 15 heures, 15 hommes en blanc rentrent sur le terrain, suivis par 15 hommes en bleu. Un homme en noir arrive, siffle... et il se met à pleuvoir. » J.-P. R.

/ Écosse
Murrayfield

Situation :	**Edimbourg**
Inauguration :	**Mars 1925**
Capacité :	**67 130 places**

Il a été utilisé pendant la Seconde Guerre mondiale comme dépôt par la Royal Air Force. Le premier stade de Murrayfield a accueilli jusqu'à 104 000 spectateurs en 1975, lors d'une rencontre opposant l'Écosse au Pays de Galles, mais sa capacité a dû être réduite pour des raisons de sécurité. Il est le seul à être doté d'un système de chauffage du terrain. À noter dans les tribunes, les supporters fidèles aux traditions arborant fièrement leur superbe kilt.

L'hymne qui y résonne : *Flowers of Scotland.*

« *Murrayfield*, comme tous les grands stades, ressemble à une gigantesque église où tout un peuple vient communier certains samedis à 15 heures. *Flowers of Scotland* en est le "cantique". »

J.-P. R.

/ Irlande

Aviva Stadium

Situation :	**Dublin**
Inauguration :	**Mai 2010**
Capacité :	**50 000 places assises**

Il remplace le *Lansdowne Road* devenu vétuste et dont la démolition avait commencé en 2007. Il est le domicile des équipes d'Irlande de football et de rugby.

L'hymne qui y résonne : *Ireland's Call,* chanson irlandaise, commandée par la Fédération Irlandaise de Rugby, utilisée comme hymne lors des matchs internationaux de l'Équipe d'Irlande de rugby à XV.

/ Pays de Galles

Millenium Stadium

Situation :	**Cardiff**
Inauguration :	**Juillet 1999**
Capacité :	**74 500 places assises**

Construit à l'occasion de la Coupe du monde de rugby 1999 à l'emplacement du mythique *Arms Park*, en plein centre ville de Cardiff, c'est le troisième plus grand stade du Tournoi des VI Nations après le Stade de France et Twickenham. C'est aussi le second plus grand stade du monde et d'Europe à être doté d'un toit totalement rétractable.

L'hymne qui y résonne : *Land of my fathers.*

/ France

Stade de France

Situation :	**Nord de Paris**
Inauguration :	**Janvier 1998**
Capacité :	**81 338 places**

C'est le plus grand stade modulable du monde. De même, il est le seul à avoir accueilli une finale de Coupe du monde de football (1998) et une finale de Coupe du monde de rugby (2007). Il remplace le mythique Parc des Princes, à la capacité devenue insuffisante, pour les grandes manifestations internationales. Sa capacité, suivant les événements sportifs ou musicaux qui s'y sont déroulés, a pu varier de 70 000 places (athlétisme), plus de 81 000 (finales de Coupe du monde) à 96 540 (tribunes et pelouse, pour des concerts).

L'hymne qui y résonne : *La Marseillaise.*

/ Nouvelle-Zélande

Eden Park

Situation :	**Auckland**
Inauguration :	**1921**
Capacité :	**48 000 places**

C'est en 1921 que le premier match de rugby se dispute dans cette enceinte dédiée au rugby et au cricket ! Pour la Coupe du monde de rugby 2011, sa capacité a été portée à 60 000 places, toutes assises.

L'hymne qui y résonne : *God Defend New Zealand* ou *God save the Queen*.

« Eden Park, comme son nom l'indique, est un morceau de paradis... » J.-P.R.

/ Afrique du Sud

Ellis Park Stadium

Situation :	**Johannesburg**
Inauguration :	**1928**
Capacité :	**60 000 places depuis 1982**

Surnommé la « Fosse aux Lions ». Il a accueilli la finale de la Coupe du monde de rugby en 1995 qui a vu l'Afrique du Sud vaincre la Nouvelle-Zélande et devenir championne du monde.

L'hymne qui y résonne : Depuis 1997, et chanté en 5 des 11 langues officielles, l'hymne national d'Afrique du Sud est la combinaison de l'ancien hymne, *Die Stem van Suïd Afrika* avec le chant africain adopté par les mouvements anti-apartheid, *Nkosi Sikelel'iAfrika*.

/ Australie

Telstra Stadium

Situation :	**Sidney**
Inauguration :	**Juin 1999**
Capacité :	**83 418 places (90% couvertes)**

Appelé Stadium Australia jusqu'en 2002. Situé dans le parc Olympique, il a accueilli les jeux Olympiques d'été de 2000, et en 2003, une demi-finale et la finale de la Coupe du monde de rugby.

L'hymne qui y résonne : *Advance Australia Fair* (Avance belle et juste Australie).

Les grandes compétitions

/ En France

Le Top 14

Championnat de France mettant en compétition les quatorze meilleurs clubs français. En 2011, il s'agissait des clubs suivants :

ASM Clermont-Auvergne

Aviron Bayonnais

Biarritz Olympique

LOU Rugby (Lyon)

CA Brive Corrèze

Castres Olympique

Union Bordeaux Bègles

Montpellier Hérault rugby

USAP (Perpignan)

Racing métro 92

Stade Français

SU Agen

Rugby Club Toulonais

Stade Toulousain

En Top 14, les équipes s'affrontent en matchs aller retour durant la saison (26 journées de championnat). À la fin de ce championnat, au mois de mai, les équipes ayant fini n°1 et n°2 sont directement qualifiées pour les demi-finales. Pour savoir qui elles affronteront, les équipes classées n°3, 4, 5 et 6 disputent ce que l'on appelle un match de barrage (la 3e contre la 6e et la 4e contre la 5e).
Les deux vainqueurs affrontent ensuite respectivement les équipes n°1 et 2 en demi-finale. La finale décide du champion.
L'année suivante tous les compteurs sont remis à zéro et un nouveau championnat débute !

Valeur des points

Chaque équipe du Top 14 se voit attribuer différentes sortes de points.
Les points « classiques » sont 4 pour une victoire, 2 pour un match nul, 0 pour une défaite.
Un point de bonus défensif est attribué à une équipe perdant un match par un écart de score inférieur ou égal à 7 points.
Un point de bonus offensif est attribué à une équipe marquant 3 essais de plus que son adversaire.
Par exemple, une équipe qui perd par moins de 8 points en marquant au moins 4 essais remporte donc 2 points de bonus.

Bouclier de Brennus

Le Bouclier de Brennus récompense chaque année le club champion de France. Ce trophée en forme de bouclier sur lequel est gravé le nom du vainqueur a été dessiné par le baron Pierre de Coubertin en 1892, et gravé par Charles Brennus. L'original est conservé au Musée de la Fédération Française de Rugby à XV.

« Ce bouclier est très difficile à gagner, et encore plus à caser dans son salon ! »

J.-P. R.

La Pro D2

Les équipes classées 13 et 14 à l'issue du championnat sont reléguées en Pro D2 (Le Championnat de France de rugby à XV de deuxième division), second échelon des compétitions nationales de rugby à XV en France. C'est une compétition entre clubs professionnels qui constitue l'antichambre de l'élite, le Top 14.

/ En Europe

H-Cup (Heineken Cup)

La Coupe d'Europe oppose les meilleurs clubs et provinces d'Angleterre, Écosse, France, Irlande, Italie, Pays de Galles en 24 équipes réparties en 6 poules de 4.
C'est la compétition européenne de rugby à XV interclubs la plus importante. Elle existe depuis 1995, et se déroule d'octobre à mai.
Son nom vient de son sponsor, le groupe multinational néerlandais Heineken. Mais en France, elle est appelée Coupe d'Europe, car la loi Évin impose des restrictions sur le parrainage des compétitions sportives par les fabricants d'alcool.

Le Tournoi des VI Nations

C'est, dans l'hémisphère Nord, la compétition de rugby annuelle la plus ancienne et aussi la plus prestigieuse.
Depuis le premier match international disputé par l'Angleterre et l'Écosse en 1871, d'autres pays – l'Irlande et le Pays de Galles – sont venus rejoindre les pionniers. La France attendra 1910 pour faire son entrée dans ce Tournoi des V Nations. Avec l'arrivée de l'Italie, en 2000, le Tournoi des VI Nations est né. Chaque année, l'Angleterre, l'Écosse, la France, l'Irlande, l'Italie et le Pays de Galles rêvent de réussir le Grand Chelem (5 victoires), chaque pays rencontrant une fois les cinq autres.

Le Grand Chelem

Trophée décerné à l'équipe qui gagne ses 5 matchs dans le Tournoi des VI Nations. En 1977, puis en 1981, avec Casque d'Or, le Quinze de France remporte le Grand Chelem.

« C'est toujours bien pour l'équipe. Le Tournoi des VI Nations est la compétition internationale la plus ancienne et elle est très prestigieuse. C'est un privilège, une vraie référence parce que ce n'est pas facile. Il faut une grande équipe pour faire un Grand Chelem… » J.-P. R.

La cuillère de bois

Ce « trophée » ou plutôt cet anti-trophée, le contraire du Grand Chelem, est décerné à l'équipe qui perd ses 5 matchs dans le Tournoi des VI Nations. Il fut offert, pour la première fois, au XIXe siècle, par le XV Anglais au XV Irlandais, qui l'aurait accueilli joyeusement…

/ Dans le monde

Le Tri-Nations

Créée en 1996, dans l'hémisphère Sud, cette compétition annuelle est l'équivalent du Tournoi des VI Nations pour l'hémisphère Nord. Les participants sont l'Afrique du Sud, l'Australie et la Nouvelle-Zélande. À partir de 2012, le Tri-Nations deviendra le « Four Nations » avec l'arrivée de l'Argentine.

IRB

L'International Rugby Board (IRB) est l'organisme international qui gère le rugby à XV et à 7. Il définit les règles du jeu, homologue les équipements et organise les principaux tournois (Coupes du monde). Fondé en janvier 1886, son siège est basé à Dublin.

FFR

La Fédération Française de Rugby (FFR) a pour mission d'organiser et de développer le rugby à XV et à 7 en France : elle gère les clubs amateurs mais surtout les équipes nationales de France, masculine et féminine. Fondée en 1919, elle a rejoint en 2010 les locaux du Centre National de Rugby à Marcoussis.

FIRA-AER

La FIRA-AER (Association européenne de rugby) a été créée en 1999 pour promouvoir, développer, organiser et gérer le rugby à XV et le rugby à 7 en Europe en tant qu'association régionale avec la bienveillance de l'IRB, le corps gouvernant du rugby mondial. Elle émane de la FIRA, Fédération internationale de rugby amateur, fondée en 1934 et est située à Paris. Elle organise notamment le Championnat Européen des Nations masculin, le Trophée Féminin Européen et les 7's Grand Prix Series.

LNR

La Ligue Nationale de Rugby (LNR) gère le secteur professionnel (Top 14 et Pro D2) du rugby à XV. Créée en 1998, ses locaux sont situés à Paris.

5

La Coupe du monde de rugby à XV

La Coupe du monde de rugby à XV est organisée tous les quatre ans depuis 1987. Elle est ouverte à toutes les fédérations reconnues par l'International Rugby Board (IRB).

Le choix d'une année de départ impaire permet de n'être en concurrence ni avec la Coupe du monde de football ni avec les jeux Olympiques qui se déroulent les années paires.

Le trophée récompensant le vainqueur de cette compétition est appelé « William Webb Ellis Trophy » en hommage à Webb Ellis qui aurait inventé le rugby en 1823.

Les qualifications de la zone Europe ont été simplifiées par rapport à l'édition précédente, ainsi les six équipes du Tournoi des VI Nations ont été automatiquement qualifiées.

Une phase de qualification organisée en deux tours a permis la sélection des 31 autres équipes. Pendant le tournoi final, les sélections nationales sont regroupées en quatre poules (A, B, C, D) de cinq équipes pour les 20 équipes qualifiées.

« La Coupe du monde, en ce qui me concerne, je ne l'ai jamais jouée, mais j'ai réussi à la casser en trois morceaux en la laissant tomber lors de la cérémonie d'ouverture de la compétition suprême, au Stade de France, en 2007. » J.-P. R.

1987	Première Coupe du monde en Nouvelle-Zélande et Australie Victoire des All Blacks contre le Quinze de France
1991	Première Coupe du monde européenne en Angleterre Victoire de l'Australie contre l'Angleterre
1995	Première Coupe du monde en Afrique Victoire de Springboks contre les All Blacks
1999	Royaume-Uni et France Victoire des Wallabies contre les Bleus au Millenium Stadium à Cardiff
2003	La première victoire d'une équipe de l'hémisphère Nord en Australie Victoire des Anglais face aux Wallabies Demi-finalistes : France/Nouvelle-Zélande
2007	Première Coupe du monde en France Victoire de l'Afrique du Sud face à l'Angleterre Demi-finalistes : France/Argentine
2011	Nouvelle-Zélande Du 9 septembre au 23 octobre Match d'ouverture 9 septembre Nouvelle-Zélande / Tonga Stade : Eden Park à Auckland Vainqueurs ?...

Calendrier des matchs de La France pour la Coupe du monde de rugby 2011

10/09	France / Japon
18/09	France / Canada
24/09	Nouvelle-Zélande / France
1er/10	France / Tonga

Et demain...

Le pays organisateur de la Coupe du monde est désigné par l'IRB.
2015 L'Angleterre sera le pays hôte de la Coupe du monde de rugby
2019 Le Japon sera le pays hôte de la Coupe du monde de rugby

6 Petit dico du rugby

A

Alignement

Pour la touche, les avants des deux équipes sont alignés et séparés par un couloir d'un mètre.

Jean-Pierre – Un détail de plus que l'arbitre doit surveiller… car il surveille tout et tout le monde !

All Blacks

Nom de l'équipe nationale de Nouvelle-Zélande. Le maillot des joueurs est noir, mais l'origine de ce nom viendrait d'une erreur de transcription, en 1905, d'un journaliste à qui l'on aurait dit « they are all backs » (ce sont tous des arrières) parce que les avants néo-zélandais couraient aussi vite que des arrières, et que voyant le maillot noir des joueurs, il aurait corrigé en « they are all blacks » (ils sont tout noir).

Elle – Capitaine de l'équipe de France, vous êtes entré dans la légende du rugby quand les Bleus, un 14 juillet 1979, ont battu les All Blacks à Auckland sur leur propre terrain. Une grande première et une date symbolique pour les Français !

Jean-Pierre – Ce sont les plus mythiques. Les meilleurs… après les Bleus, bien sûr ! On dit qu'ils sont en noir parce qu'ils portent le deuil de leurs adversaires. Tout un programme, non ?

Amitié / Amour

Elle – On imagine que des liens d'amitié se tissent entre des joueurs qui partagent des moments aussi forts, et qui vivent aussi ensemble le quotidien de l'entraînement, des voyages à l'autre bout du monde…

Jean-Pierre – Au rugby, l'amitié est fortement conseillée, voire indispensable. Pour se lancer dans une aventure, il faut aimer et être aimé. C'est obligatoire.

Anglais

Quand il s'empara de la couronne d'Angleterre après avoir battu Richard III, Henri Tudor entraîna la fin de la Guerre des deux Roses entre la maison d'York (dont l'emblème était la rose blanche) et la maison de Lancastre (dont l'emblème était la rose rouge). La rose est aujourd'hui encore l'emblème traditionnel de l'Angleterre.

Elle – On dit que les Anglais ont inventé le rugby, mais on dit aussi que c'est un sport de voyous joué par des gentlemen…

Jean-Pierre – Il faut les remercier d'avoir inventé le rugby, nous les Français, nous nous contentons d'y jouer… Ils ont une très belle équipe et on leur souhaite bonne chance pour la Coupe du monde.

Arrêt de volée

Un défenseur réceptionne le ballon envoyé d'un coup de pied par l'adversaire alors qu'il est dans sa zone des 22 mètres ou dans son en-but.

Elle – Pourquoi ce joueur crie-t-il « marque » ?

Jean-Pierre – Quand il crie « marque », c'est parce que son équipe est un peu pressée dans son camp. C'est pour arrêter le jeu et permettre de se réorganiser et de le relancer, soit en attaquant, soit en se dégageant.

Attaque

Elle – Dès qu'on parle de rugby, on parle d'attaque, d'attaquant, c'est si important ?

Jean-Pierre – C'est tout ce que l'on aime. Dans le rugby, on alterne attaque et défense, on passe de l'une à l'autre en permanence pendant un match. « La meilleure défense est l'attaque ».

Avantage

Elle – Comment sait-on qu'on a l'avantage ?

Jean-Pierre – C'est l'arbitre qui donne l'avantage par un geste du bras, à droite ou à gauche, à l'équipe attaquante. Il décide de laisser l'avantage, de ne pas interrompre le jeu, même s'il y a une faute de l'autre équipe. Dans le cas où l'avantage n'est pas concrétisé, l'arbitre revient à la faute.

B

Ballon

Sa forme ovale lui confère la particularité d'avoir des rebonds imprévisibles et capricieux : à droite ou à gauche, en avant, en arrière…

Elle – En fait la star, c'est le ballon ?

Jean-Pierre – Il est essentiel, on en a toujours besoin. Sans lui rien ne se passe.

Jasper, mon petit garçon, a dit « regarde Papa, il est fou le ballon ! »

Barbarians ou Baa-b'aas

Le BRC (Barbarian Rugby Club) est le club des joueurs, pour les joueurs, par les joueurs. Les Barbarians français, aussi appelés Baa-b'aas, est un club de rugby à XV fondé en 1979 sur le modèle des Barbarians anglais créés par des joueurs d'Oxford et de Cambridge.

Les joueurs sont invités à jouer par le comité de sélection qui les choisit en fonction de certains critères, ils doivent jouer au rugby (ce qui n'est déjà pas si simple), être de bons camarades, et aimer le rugby d'attaque.

Ils n'ont pas de stade de référence, et vont affronter des équipes du monde, comme les Pumas d'Argentine en 2011. Un match a lieu tous les ans en novembre, plus une tournée au mois de juin avec, en général, deux matchs.

Le premier président du BRC a été Guy Basquet, et le deuxième est Jean-Pierre Rives.

Le BRC est affilié à la Fédération (FFR), reconnu par la Ligue (LRF) et l'IRB, et soutenu très fortement par Serge Kampf, son vice-président, et grand mécène du rugby français. Il définit le BRC comme suit : « C'est une religion, une sorte d'église où il n'y aurait ni curé, ni Bon Dieu. Il est très difficile d'y entrer et impossible d'en sortir ».

Elle – Pourquoi les « Baa-b'aas » pour parler des Barbarians ?

Jean-Pierre – « Baa-b'aa », c'est ainsi que bêlent les moutons dans la langue de Shakespeare…

Elle – Et, si vous deviez résumer les Barbarians en quelques mots ?

Jean-Pierre – Ce sont peut-être de grands enfants qui habitent dans un rêve…

Capitaine

Elle – Vous avez été capitaine de l'équipe de France de 1978 à 1984. Comment le capitaine est-il désigné ? Pourquoi tel joueur et pas tel autre ?

Jean-Pierre – Parce qu'il est le leader naturel et qu'il s'impose, soit par ancienneté, soit par défaut. C'est lui qui fait les discours d'après match et qui se fait engueuler quand on perd. Les autres joueurs accordent leur confiance soit à la fonction, soit au joueur, soit aux deux.

Elle – Et vous, quel genre de capitaine étiez-vous ?

Jean-Pierre – Je vous répondrai avec une phrase de Ledru-Rollin « il fallait bien que je les suive puisque j'étais leur capitaine ».

Carton

Jaune ou rouge, il sanctionne un joueur qui a fait une faute. Jaune, il signifie « exclusion temporaire pendant 10 minutes » afin que l'équipe adverse soit en supériorité numérique. Rouge, il annonce « l'exclusion définitive ».

Elle – Ces cartons que l'arbitre distribue, avec parcimonie en général, ont-ils toujours existé ?

Jean-Pierre – Non, auparavant on renvoyait le joueur directement à la maison et son équipe continuait le match avec un joueur en moins…

Casque d'Or

Surnom donné à Jean-Pierre Rives, dans les années 1970-1980, par le commentateur sportif Roger Couderc, qui évoquait à la fois sa crinière blonde et le fait qu'il menait son équipe au combat comme un légionnaire romain ses guerriers…

Elle – Casque d'Or, le guerrier romain, ou pour les anglophones « Golden Helmet », j'ai tout de même lu un article où le journaliste anglais écrivait « attention, méfions-nous de ce joueur aux cheveux blonds, ce n'est pas un ange ! »

Jean-Pierre – Les Anglais m'ont aussi surnommé « The blond bombshell » (la bombe blonde)…

Chandelle

Elle – On se demande parfois, si le joueur a vraiment voulu taper le ballon pour qu'il parte en chandelle ou si c'est un coup de pied manqué ?

Jean-Pierre – Le ballon monte « en chandelle » sous l'effet d'un coup de pied que l'on donne en espérant que l'équipe adverse va le manquer et que nous on va le rattraper. La chandelle est une arme redoutable, efficace quand il pleut, parce qu'on joue la faute de l'adversaire et que le terrain et le ballon sont glissants.

Combat

Elle – Après un match, quand le capitaine commente le jeu de son équipe, il parle de combat, d'attaque, de courage… Le vocabulaire de la guerre en quelque sorte.

Jean-Pierre – Le rugby est un sport de combat d'équipe. Le combat est nécessaire, en équipe, pour attraper le ballon : il faut combattre pour l'attraper quand on ne l'a pas ; combattre pour le garder quand on l'a.

Contact

Elle – Mêlée, plaquage, touche… le rugby est un sport dans lequel les joueurs « vont au contact ». C'est toujours très impressionnant.

Jean-Pierre – Au rugby, le contact est fortement recommandé alors qu'il est interdit dans d'autres sports. Le rugby est fait de ces contacts et d'évitements aussi.

Coup d'envoi

Elle – Avant le fameux coup d'envoi, les joueurs se concentrent, prient, se détendent, agitent leur gri-gri ?

Jean-Pierre – Oui, c'est un peu de tout ça, certains écoutent aussi de la musique. Chacun a sa préparation personnelle, sa façon de se concentrer. Et puis après, il y a la préparation collective avec l'entraîneur, ou sans, pour se mettre « en configuration de guerre ».

Coup franc

Elle – À quelle occasion, l'arbitre prononce-t-il cette sanction ?

Jean-Pierre – Le coup franc vient toujours après un coup tordu. C'est l'arbitre qui l'attribue : on a le droit de tenter la pénalité pour passer le ballon entre les poteaux, on a le droit de taper le ballon en touche pour récupérer le lancer, on peut le jouer comme on veut, même à la main.

Cravate

Ce plaquage exécuté à la hauteur du cou est dangereux et illicite, il est sanctionné par l'arbitre.

Crochet

En pleine course, le joueur, qui détient le ballon, change brusquement de direction, pour tromper l'adversaire.

Conquête

Mêlées, renvois, touches, rucks... sont des phases du combat qui mènent à la conquête du ballon.

Jean-Pierre – Une équipe peut être meilleure que l'autre en conquête, c'est-à-dire sur la mêlée, sur la touche ou sur les regroupements... en général elle gagne ! Les regroupements sont ces fameux moments où l'on amène le plus de joueurs d'un côté du terrain, pour ensuite essayer de passer de l'autre, où théoriquement il y a moins de monde...

Convivialité

La fameuse « troisième mi-temps » a été inventée par les joueurs de rugby. Un moment de partage et de convivialité où l'on se retrouve avec ses adversaires (ou pas) autour d'un repas pour refaire le match ou parfois le monde... mais toujours la fête !

Couloir

Espace d'un mètre séparant l'alignement de chaque équipe pour jouer la touche.

Jean-Pierre – Un détail de plus à surveiller pour l'arbitre...

Courage

Elle – Puisqu'il est question de guerre, on imagine que c'est l'une des vertus indispensables que se doit de posséder un joueur quel que soit son poste dans l'équipe.

Jean-Pierre – Le courage ? Il faut le laisser aux gens qui en ont besoin... Je préfère parler d'engagement physique et d'investissement moral.

Cuillère

Elle – La cuillère, c'est comme un plaquage, non ?

Jean-Pierre – Oui, c'est une forme de plaquage très spectaculaire, où, en plongeant, un joueur, avec sa main, bloque le pied de celui qui court avec le ballon.

Cuillère de bois

Le contraire du Grand Chelem : trophée décerné à l'équipe qui perd ses 5 matchs dans le Tournoi des VI Nations.

D

Défense

Elle – Nous parlions, tout à l'heure d'attaque…

Jean-Pierre – L'attaquant a le ballon, le défenseur ne l'a pas, il essaye d'attraper celui qui l'a… et il devient attaquant… s'il l'attrape.

Dieux du Stade

Elle – Ces calendriers ont amené une autre image des joueurs de rugby qui, jusqu'alors, étaient représentés comme des armoires à glace avec une petite tête, un peu benêts, en quelque sorte…

Jean-Pierre – On dit que le rugby passionne de plus en plus les femmes… ceci explique peut-être cela.

Drop

Tir au but (ou drop goal) exécuté dans le feu de l'action par le buteur (le plus souvent l'arrière ou un demi d'ouverture) depuis n'importe quel endroit du terrain, mais le ballon doit toucher le sol avant d'être tapé. Le drop vaut 3 points.

Jean-Pierre – Le drop, il vaut mieux le laisser faire à ceux qui savent le faire…

Dudule

Elle – Qui est Dudule dans le rugby?

Jean-Pierre – C'est un personnage bien connu des chansons de rugbymen.

E

École

Équipe

Jean-Pierre – L'équipe, c'est une attitude. Une élégance de l'esprit. L'essence même du jeu.

Écroulement

Elle – Je n'ai jamais pu comprendre pourquoi la mêlée s'effondre parfois.

Jean-Pierre – L'écroulement, en général, est provoqué par l'équipe la plus faible qui, pour ne pas reculer, écroule la mêlée. Mais il est très dangereux et peut entraîner des blessures très graves, donc l'écroulement volontaire est justement pénalisé.

En-avant

Le joueur lâche, laisse tomber le ballon devant lui, ou le fait passer à un autre joueur par une passe vers l'avant.

En-but

Zone située derrière les poteaux où sont marqués les essais.

Entraîneur

Elle – Quelle est, selon vous, la première qualité d'un entraîneur ?

Jean-Pierre – L'entraîneur doit être entraînant, par essence. Ensuite, c'est celui qui s'agite dans les tribunes, qui fait la tête quand son équipe perd, qui lève les bras quand l'équipe a gagné. C'est à cela qu'on le reconnaît. C'est quelqu'un qui a une place très importante dans le système du rugby d'aujourd'hui.

Essai

Aplatissement du ballon, avec pression de haut en bas avec une seule main ou les deux, dans l'en-but de l'équipe adversaire pour marquer 5 points.

Elle – Quand on voit l'essai arriver avec cette magnifique construction, ce déploiement des joueurs sur le terrain, on a l'impression d'assister à un ballet. C'est vraiment beau !

Jean-Pierre – L'essai, c'est la réussite. Le but du jeu.

F

French Flair

Elle – C'est plutôt flatteur ce « French Flair », cette espèce de « génie du jeu » développé par les joueurs français.

Jean-Pierre – Oui, c'est une qualité d'improvisation que nous accordent les Anglais, mais qu'ils ont en partie supprimée en changeant les règles…

6

Famille

Elle – Ce qui frappe au rugby, c'est cette impression de faire partie d'une famille, d'être tous de la même famille, et cela est aussi valable quand on se trouve au milieu des supporters de l'équipe adverse.

Jean-Pierre – Au rugby, on ne parle pas de « clientèle », les supporters ne sont pas étrangers au jeu, c'est une famille, car le rugby est communautaire. Il propose un sens commun, il fédère, il est familial. Il nous oblige à respecter des règles, à avoir un comportement, une attitude. Il nous éduque, il nous fait grandir.

Femme

Elle – Les femmes dans le rugby, le rugby au féminin, les équipes féminines... quel regard portez-vous sur ces femmes qui jouent au rugby ?

Jean-Pierre – La femme est apparue tardivement dans le rugby. Depuis quelques temps, elle participe activement, elle s'est organisée en équipes féminines où elle excelle. Ces équipes ont maintenant un championnat, un tournoi. On peut s'attendre dans l'avenir à un intérêt grandissant pour le rugby féminin. La femme existait déjà dans le rugby, mais très tard dans la nuit, après la troisième mi-temps.

Fraternité

Elle – Une des belles idées du rugby...

Jean-Pierre – Oui, au rugby, il y a une vraie fraternité du jeu. Elle est intemporelle et planétaire.

G

Gloire

Elle – À la fin de votre carrière, en 1984, vous vous êtes, je vous cite : « débarrassé des oripeaux de la gloire » en offrant maillots, coupes... Pourquoi cette démarche ?

Jean-Pierre – Tous ces souvenirs, je les ai donnés. Sûrement ont-ils été bien gardés alors que moi j'aurais pu les perdre. Ce qui compte, ce sont les amis. Les amis, on ne les donne jamais. On les garde pour soi.

Et puis, maintenant j'ai des enfants, deux garçons, je préfère qu'ils collectionnent leurs propres maillots et les souvenirs qu'ils vont se fabriquer eux-mêmes.

Guerre

Elle – Agressivité, attaque, blessure, combat, conquête, courage, défaite, victoire... le vocabulaire du rugby est comparable à celui de la guerre... et les joueurs sont comme des guerriers menés par leur capitaine.

Jean-Pierre – Le mot guerre est déplacé. Ce n'est pas la guerre, c'est un jeu. La guerre est horrible, le rugby est magnifique !

Qu'ils soient Poussins ou Benjamins..., les joueurs, le dimanche, partent à « la guerre », et rentrent pour le goûter. On notera simplement qu'avec l'âge, le goûter est de plus en plus long et de plus en plus tard...

H

Haie d'honneur

Jean-Pierre – C'est un très joli moment du rugby où, tour à tour, les joueurs des deux équipes se font une haie d'honneur et s'applaudissent réciproquement à la fin d'un match. Magnifique !

Elle – Et le public pendant ce temps là applaudit tout le monde. Quel fair-play !

Haka

Danse ancestrale des Maoris, premiers habitants de Nouvelle-Zélande. Ce rite était exécuté avant le départ à la guerre, il sert à exprimer joie, colère, et à libérer l'agressivité des guerriers. Les All Blacks exécutent cette danse face à l'équipe adverse quand ils jouent à l'étranger.

Elle – Qu'est-ce que l'on ressent la première fois que l'on a en face de soi quinze armoires à glace qui poussent leur cri de guerre, nous menacent, nous provoquent : on est intimidé, ou l'on a envie de les défier, de leur montrer que l'on sait se battre ?

Jean-Pierre – C'est extrêmement impressionnant. Très émouvant. Le Haka est mené par un Maori. C'est une forme de prière. Toutes les prières sont respectables et à respecter.

I

International

Elle – Quand les joueurs de rugby n'étaient pas encore des professionnels, ceux qui faisaient partie de l'équipe nationale devenaient des « internationaux ». Cette professionnalisation, intervenue dès 1995, a-t-elle changé l'esprit du rugby ?

Jean-Pierre – Rien n'a changé, le rêve de tout joueur de rugby en France c'est de jouer avec le maillot de l'équipe de France. Être international a toujours la même signification : c'est un grand honneur de jouer pour l'équipe nationale, et en plus on représente son club.

J

Joueur

Elle – Vous avez dit des Barbarians que c'était l'équipe des joueurs, pour les joueurs, par les joueurs…

Jean-Pierre – En effet, le joueur est l'élément indispensable d'une équipe… C'est comme pour le ballon, sans lui, il n'y a pas de rugby !

L

Larmes

Elle – Pour nous les filles, voir ces grands gaillards pleurer après un match, ça nous donne des envies d'aller les consoler… C'est toujours très émouvant. Et vous, avez-vous pleuré pendant votre carrière de rugbyman ?

Jean-Pierre – Oui, les émotions nous rendent plus intelligents parce qu'elles touchent l'essentiel.

Maman / Papa Mamie / Papy Tatie / Tonton…

Elle – Quelle est l'influence de la maman, du papa, de la famille… pour le jeune joueur ?

Jean-Pierre – La famille est indispensable, ce sont les premiers supporters, ceux qui préparent les sandwichs. La maman qui raccommode le maillot déchiré, qui met du Mercure au chrome, le papa qui nous amène à l'école de rugby, le tonton qui porte le sac, la tatie qui applaudit… Le rugby, c'est une histoire de famille et la famille, c'est essentiel. Et puis, le rugby, ça ne s'apprend pas, ça se transmet.

Maul

Quand le joueur qui a le ballon est lié avec un de ses coéquipiers et au moins un adversaire ; les joueurs sont debout, d'autres joueurs peuvent venir les rejoindre, le maul « avance » vers la ligne d'en-but des adversaires (autres noms : tortue, cocotte ou ballon porté).

Elle – Le maul, en définitive, c'est une mêlée debout ?

Jean-Pierre – C'est le premier regroupement sur le terrain, tant qu'il est debout, c'est un maul. Quand il s'arrête ou qu'il s'écroule, ça se complique et il change de nom : il devient un grand bazar d'où beaucoup de pénalités proviennent. Avec le temps ça s'est pas mal organisé, les règles ont changé pour essayer de clarifier ce fameux regroupement.

Mêlée

La mêlée est régie par des règles strictes. Elle est formée par les huit avants de chaque équipe. Elle a lieu après un arrêt de jeu ou une faute mineure afin de reprendre le jeu équitablement pour les deux équipes.

Elle se joue à l'endroit où la faute a été commise mais jamais dans la zone de l'en-but. La mêlée se déroule en quatre séquences qui guident les joueurs et qui sont annoncées par l'arbitre grâce aux termes suivants : « flexion, touchez, stop, entrez ».

La mêlée se termine quand le ballon est sorti ! Elle ne rapporte pas de point directement, mais permet à l'équipe qui récupère le ballon de se rapprocher de la zone de l'en-but.

Elle – Si j'ai bien compris, c'est une façon – un peu compliquée – de remettre le ballon en jeu (?).

Jean-Pierre – En effet, à la suite d'une faute (un en-avant, un arrêt de jeu quelconque), le ballon doit être remis en jeu. La mêlée, c'est un entre-deux à huit joueurs de chaque côté qui se poussent de manière organisée. C'est une histoire de piliers : ils ferment les yeux, ils poussent et ils pensent très fort à la France ou à l'Angleterre… selon la couleur de leur maillot.

N

Nettoyage

Elle – Quand un joueur « fonce » dans le tas, il veut faire quoi, exactement ?

Jean-Pierre – Il cherche à aider un copain (un attaquant) qui est au sol, ou pas, avec le ballon, en repoussant les autres (les défenseurs de l'équipe adverse) qui veulent lui prendre le ballon. C'est une façon de venir « libérer » le ballon.

O

Ovalie

Elle – L'Ovalie, c'est le pays du ballon ovale. Toulouse a été élue capitale de l'Ovalie. C'est bien ça ?

Jean-Pierre – Oui, c'est à peu près par là. On ne sait pas exactement si c'est au bord de la Garonne ou du Canal du Midi, car on a trouvé un protège dents et un reste de bandeau (sans les oreilles) sur une momie du IVe siècle avant J.-C. enterré entre les deux…

P

Passe

Elle – Doit-elle vraiment toujours se faire vers l'arrière ?

Jean-Pierre – Faite à la main, elle doit se faire en arrière, faite au pied, elle peut se faire vers l'avant. Mais il faut que celui qui réceptionne le ballon soit parti de derrière le joueur qui a tapé, sinon il y a hors-jeu. La passe est essentielle dans le rugby, symbolique dans la transmission.

Pack

Lors d'une mêlée, le pack regroupe les avants placés sur trois lignes. Ils sont 8 joueurs : 3 piliers, 2 deuxième ligne ; 3 troisième ligne.

Pénalité

Sanction décidée par l'arbitre pour pénaliser une action illicite et permettre à l'autre équipe un tir au but, susceptible de lui faire marquer trois points. Le choix est laissé à l'équipe qui l'a obtenue : tenter le « but », jouer le ballon à la main ou au pied pour se rapprocher de l'en-but adverse, ou encore « chercher la touche », on parle là de « pénal touche » et bénéficier du lancer du ballon.

Plaquage

Geste d'un défenseur afin de stopper la progression d'un attaquant porteur du ballon.

Elle – Le plaquage, c'est vraiment spectaculaire et impressionnant. On assiste à un choc violent entre deux masses en mouvement.

Jean-Pierre – C'est vrai, mais c'est un geste technique. Tout joueur de rugby plaqué, doit savoir plaquer. Tout joueur peut être plaqueur ou plaqué…

Points

Elle – Au rugby, le score parfois s'envole, l'écart se creuse rapidement et se resserre à la même vitesse.

Jean-Pierre – L'essai vaut 5 points, la transformation 2, et le drop (la pénalité) 3. Cela a changé selon les époques ; de nos jours, l'essai est valorisé, parce que c'est vraiment « le but de la manœuvre ».

6

Président

Elle – Il est assis à côté du ministre ou du Président de la République à l'occasion des grands matchs. C'est vraiment lui le chef ?

Jean-Pierre – C'est celui qui passe plus de temps dans son club qu'avec sa femme, qui est le mieux placé dans les banquets et qui fait les discours. Je suis président, moi-même…

(NDLE : Jean-Pierre Rives est président des Barbarians)

Pumas

La petite histoire raconte que ce surnom viendrait de l'erreur d'un journaliste, qui aurait confondu le jaguar présent sur l'écusson du maillot des joueurs avec un puma. Même si le jaguar est toujours le symbole, le surnom des Pumas a été adopté par tous…

Elle – L'équipe nationale d'Argentine a choisi ce surnom.

Jean-Pierre – Les Pumas, ce sont peut-être les derniers romantiques du rugby. On les aime pour cela et pour leur jeu.

Q

Quinze de France

Cette équipe, la plus prestigieuse, rassemble les meilleurs joueurs des différents clubs de France pour les compétitions internationales.

Elle – Le Quinze de France, l'Équipe nationale de France, les « Coqs » ou encore les « Bleus »… autant de noms et de surnoms pour désigner nos magnifiques joueurs et leur beau maillot.

Jean-Pierre – Tout joueur en rêve de porter ce maillot bleu…

R

Règles

Elle – On dit que les règles du rugby ressemblent à un bouquin aussi gros que le Bottin. Info ou intox ?

Jean-Pierre – La règle, elle dit toujours « comment », jamais « pourquoi ». Pourtant c'est le « pourquoi » qui nous intéresse pour avoir une certaine idée des choses, qui nous donnerait envie de les faire. Certains appellent cela le style. La règle ne doit pas faire l'esprit, mais l'esprit, lui, fait la règle.

Remplaçants

Ils sont 7 et portent les numéros 16 à 22. Ils sont là pour remplacer un joueur fatigué ou blessé.

Elle – Quand vous jouiez, on avait l'impression que les joueurs allaient au bout d'eux-mêmes, même blessés, ils continuaient le combat…

Jean-Pierre – Certainement que le coaching a supprimé un peu « de drame », a enlevé au jeu cette dimension dramatique qu'il pouvait atteindre parfois. C'était plus spectaculaire, mais plus dangereux aussi. On a rendu le rugby moins dangereux, et c'est heureux.

Respect

Elle – L'une de ces fameuses idées, vous n'aimez pas trop le mot « valeurs », essentielles du rugby. Respect envers ses coéquipiers ; respect envers l'adversaire ; respect des règles – nombreuses– ; respect de l'arbitre et de ses décisions…

Jean-Pierre – Tout est dit… une attitude !

6

Ruck

Aussi appelé mêlée ouverte ou mêlée spontanée ou encore regroupement, combat au sol.

Jean-Pierre – Le ruck, c'est à peu près la même chose qu'un maul au sol, l'un est anglais, l'autre français. C'est certainement que l'un roule à gauche et l'autre à droite…

S

Sang

Elle – Aujourd'hui si un joueur saigne, il est interdit de le laisser jouer. On se souvient encore de votre maillot couvert de sang…

Jean-Pierre – Oui, c'était celui d'un partenaire, Serge Blanco, c'est la seule fois où j'ai pu l'attraper parce que nous jouions dans la même équipe.

Springboks

Elle – L'équipe nationale d'Afrique du Sud a choisi le nom d'une antilope sauteuse du bush sud-africain pour la représenter.

Jean-Pierre – Oui, c'est le nom des joueurs sud-africains, champions du monde en titre.

Stade Toulousain

Elle – Les « rouge et noir » ont inscrit leur nom pour la 18e fois sur le Bouclier de Brennus. Ce club, où vous avez joué, est en train de rentrer dans la légende.

Jean-Pierre – Oui, c'est le club champion du rugby français – à perpétuité – sans chauvinisme aucun…

T

Tactique

Jean-Pierre – Une stratégie de jeu (façon de jouer) peut être envisagée avant le match et changée ensuite. Mais il est difficile d'en changer, car elle est liée à un style. Et comme le style vient toujours du caractère…

Touche

Il y a touche quand le ballon dépasse les lignes de touche, des deux côtés du terrain. Les sauteurs des deux équipes, soulevés par leurs coéquipiers, essayent d'attraper ce ballon.

Elle – Botter en touche, viser la touche… la touche est une phase de jeu vraiment récurrente.

Jean-Pierre – C'est un entre-deux à huit joueurs de chaque côté, les avants, à qui le talonneur jette le ballon.

Transformation

Après un essai, un tir au but tapé par le buteur pour marquer 2 points supplémentaires.

Jean-Pierre – La transformation de l'essai peut être faite d'un coup de pied posé ou d'un drop goal. Le tir doit être effectué sur une ligne, face à l'endroit où l'essai a été marqué, à n'importe quel endroit sur cette ligne. D'où l'importance de marquer l'essai entre les poteaux pour faciliter cette transformation.

Troisième mi-temps

Elle – Ah ! la troisième mi-temps… on imagine plein de choses.

Jean-Pierre – Pour les enfants, la troisième mi-temps, c'est le goûter, et plus tard, c'est la même chose, la troisième mi-temps c'est tout simplement le goûter des grands.

V

Vestiaires

Elle – Là encore, un lieu qui attise notre curiosité. Bien des femmes aimeraient la pousser, cette porte des vestiaires !

Jean-Pierre – Les vestiaires sont un endroit privilégié où l'on se fait les meilleurs amis d'enfance. Interdit aux femmes.

Vidéo

Quand l'arbitre dessine un carré, c'est qu'il veut voir la télé, mais c'est l'arbitre vidéo qui décide. L'usage de la vidéo est bien délimité. Il n'intervient que lorsque l'arbitre a un doute sur la validité d'un essai. Il observe donc l'action au ralenti dans une pièce isolée du stade, et communique sa conclusion à l'arbitre principal. Les images utilisées sont celles du diffuseur du match.

Elle – Depuis un certain temps, l'arbitrage vidéo est entré dans le rugby.

Jean-Pierre – La vidéo a mis beaucoup d'ordre, elle a apporté un progrès incontestable.

Village

Elle – Une belle association de mots : village / rugby. On parle d'esprit de village pour représenter un esprit d'unité autour d'un clocher…

Jean-Pierre – Le rugby est un sport de village, même si le village devient de plus en plus grand. Le rugby est une communauté dans laquelle on peut se construire et grandir. Dans certaines civilisations, c'est le village qui fait l'éducation des enfants et qui peut parfois donner un sens à une vie.

W

Wallabies

Elle – L'équipe nationale d'Australie a choisi, quant à elle, le nom d'un petit marsupial australien pour représenter ses joueurs.

Jean-Pierre – Quand les rugbymen australiens disent « I wanna be a Wallaby » – « je veux être un Wallaby », ils affirment la même ambition que tout joueur de rugby qui rêve de faire partie de l'équipe nationale de son pays.

7

Du stade
à la maison

Pour celles qui vivent le rugby
au quotidien.

Maman de joueur

Elle a tenu à ce que son fils pratique un sport individuel, le tennis, et un sport collectif, le rugby, car le sport, c'est très important pour un enfant.

Elle a respecté son choix quand il a dit qu'il vivait des moments plus forts en équipe.

Elle n'a jamais eu peur qu'il se blesse quand il était petit.

Elle craignait seulement qu'une mauvaise fracture l'empêche de faire ses études.

Elle avait posé une condition :
« avant de passer professionnel, tu termines tes études ».

Elle a toujours été là.

Elle a vécu au rythme de l'entraînement quand il était petit.

Elle a tout fait pour qu'il vive pleinement sa passion pour le rugby.

Elle a été son chauffeur, son infirmière, sa première supportrice…

Elle a appris les règles du rugby pour mieux comprendre quand elle le voyait jouer.

Elle vit au rythme du calendrier des matchs qu'elle note sur son agenda en début de saison.

Elle vit avec bonheur la continuité fils/petit-fils.

Quand elle assiste à un match avec son petit-fils, elle s'émerveille de ses commentaires.

Elle sait qu'il aime le rugby lui aussi.

Ses conseils

- Être patiente, indulgente.
- Pardonner les sautes d'humeur.
- Le soutenir toujours, quel que soit le résultat.
- Être à son écoute et disponible pour lui.

Femme de joueur

Elle note sur son agenda en début de saison le calendrier des matchs, même s'il a un côté aléatoire, car toute la famille suit le rythme des matchs.

Elle prévoit d'éventuels déplacements pour la Coupe d'Europe. Pourquoi pas ?

Pendant la semaine, elle vit une vie de famille classique au rythme de l'école et de son propre travail.

Le week-end apporte sa dose de piment, elle va voir jouer son homme.

Si elle a des enfants, elle partage avec eux cette animation de fin de semaine « aller voir jouer Papa ! »

Elle subi les sautes d'humeur liées aux blessures ou aux contre-performances.

Elle est toujours sous pression, parce qu'« il » est toujours sous pression.

Elle essaie de se protéger de cette tension qui se communique.

Elle n'a pas peur qu'il soit blessé, elle lui fait confiance.

Elle l'admire, et elle sait que son admiration est légitime : ils sont rares ceux qui vivent de leur passion.

Elle sait que lorsqu'un homme réussit, il y a toujours une femme à ses côtés.

Elle a appris les règles de base sur le tas et essaie de suivre – plus ou moins – quand elles changent.

Elle sait qu'il y a des subtilités qu'il faut connaître, mais avoue qu'elles sont un peu compliquées…

Ses conseils « avant »

- Si tu ne supportes pas la solitude, tu ne te maries pas avec un joueur de rugby.
- Si tu ne supportes pas les personnes égocentrées, tu ne te maries pas avec un joueur de rugby.
- Si tu veux avoir un homme à tes petits soins, tu ne te maries pas avec un joueur de rugby.

Parfois…

Elle voudrait pouvoir laisser le rugby devant la porte.

Oui, elle en a marre, parce que la femme d'un joueur professionnel doit savoir s'effacer avant les grands matchs, comme faire chambre à part la veille…

Oui, elle en a marre, parce que tout tourne autour de lui, de son corps, de sa forme…

Oui, elle en a marre parce qu'il n'a pas conscience des réalités du quotidien, parce qu'il oublie parfois qu'il a une famille.

Oui, elle en a marre parce qu'il s'habitue à ce qu'on lui mâche tout (par exemple, au club, on lui porte son sac…)

Oui, elle en a marre parce que les soirs de défaite, elle pense à sa semaine à venir, car il va être d'une humeur plutôt sombre…

Mais aussi…

Elle est fière de son joueur de mari.

Elle aime compter sa vie avec lui en nombre de finales.

Elle aime être chouchoutée quand il joue en finale car le club organise son déplacement en France ou à l'étranger.

Elle se sent considérée, importante.

Elle aime que son rôle de femme soit reconnu.

Elle aime cet esprit de famille du rugby.

Les soirs de finale (victoire ou pas), elle aime faire la fête tous ensemble.

Elle sait que la vie après le rugby sera plus longue que pendant… alors elle accepte la pression, la solitude…

« Patience les filles, le paradis est pour bientôt. Moi qui suis dans l'après-rugby, je peux témoigner : Jean-Pierre est un bon capitaine de famille, un équipier très entraînant, un très bon papa… et un mari exceptionnel ! » Sonia

Ses conseils « après »

- Tu n'adresses pas la parole à ton homme la veille d'un grand match.
- Tu as ta vie à toi, tu existes à côté, pour toi-même.
- Tu as un travail si possible, mais le congé parental, tu sais d'avance qu'il est pour toi…
- Tu ne vis pas par procuration, tu risques d'être déçue.
- Tu n'essaies pas de t'accaparer la vie de ton homme.
- Tu ne dois pas vouloir tout partager.
- Quand après un match, il te demande si tu l'as trouvé bon pendant telle ou telle phase de jeu, tu essaies d'argumenter ta réponse et de lui montrer que oui, tu as bien suivi toutes les actions, et que non, tu n'as pas discuté avec tes voisines de tribune…
- Tu ne joues pas à l'invitée surprise en pointant le bout de ton nez pendant la troisième mi-temps, au risque de t'entendre dire « mais qu'est-ce que tu fais là ? »
- La troisième mi-temps, même si tu as envie de tout partager avec lui, tu oublies. Tu te dis que les joueurs, il faut les laisser entre eux, qu'ils ont besoin d'exorciser toutes les peurs ressenties pendant le match.

7

Coach

Puis, le joueur devient coach… et un fossé se creuse avec les femmes de joueurs « je suis la femme du coach qui n'a pas sélectionné son mari et l'a laissé sur le banc de touche… ».

Maman et femme disent :

- Avant, j'avais peur qu'il fasse un mauvais match, maintenant, j'ai peur qu'on juge mal son travail.
- Je suis plus angoissée, plus tendue, car il a beaucoup plus de responsabilités.
- Je sais la somme de travail qu'il fournit.
- J'imagine ce qu'il pense.
- Je sais combien est difficile le choix du coach.
- J'ai plus de fierté s'il réussit…

Loulou est maman et femme de supporter, alors…

Elle a appris à noter sur son agenda en début de saison le calendrier des matchs, car, il y quelques années, elle a provoqué une crise en retenant des places de théâtre un soir de finale…

Elle a essayé d'apprendre quelques règles de base, mais elle a abandonné « c'est trop compliqué ! ».

Elle s'intéresse aux matchs, parce que l'ambiance est tellement animée.

Elle n'en a jamais eu marre, car elle aime cette solidarité, cette convivialité du rugby.

Elle aime les voir regarder un match, lire la ferveur dans leurs yeux. C'est beau !

Elle aime la force des émotions qu'ils vivent en regardant un match.

Elle aime entendre leurs cris – de protestation ou de joie.

Elle s'amuse de voir son homme jouer à faire l'arbitre, avec son sifflet, dans son salon…

Quand la saison se termine, on passe à autre chose.
C'est bien aussi de pouvoir partir en week-end…

Christelle se passionne pour le rugby depuis des années… la vie d'une supportrice de rugby n'est pas de tout repos !

Là où d'autres femmes regardent du coin de l'œil un match sur deux, elle rythme sa vie au gré des victoires et défaites de son club favori.

Elle a décoré son intérieur aux couleurs de son club.

Elle retrouve les autres supportrices devenues des amies aux entraînements et matchs de ses joueurs préférés.

Quand elle va voir un match, elle s'évade, oublie tous ses problèmes.

Dès le lundi, elle pense au week-end suivant.

Elle a un agenda spécial rugby : sa cousine peut se marier quand elle veut, mais pas le jour d'un match, d'ailleurs tous ses proches le savent.

Elle note en début de saison le calendrier des matchs de son club, et dès qu'elles sont connues, les dates des quarts de finale, demi-finales et bien sûr de la finale !

Elle visite le site de son club favori tous les jours pour se tenir au courant de l'actualité et des événements : joueurs blessés, matchs…

Elle a le maillot et le maquillage aux couleurs de son club… elle ne le dit à personne, mais en secret, elle aimerait les porter tous les jours.

Elle assiste à l'entraînement des joueurs aussi souvent que possible pour les encourager

Elle est incollable sur les règles et le prouve sous le regard épaté des hommes de la tribune.

Les autres supportrices sont ses copines, et elles se serrent les coudes quand les matchs se déroulent par –15°.

Elle n'a pas de limite de budget : elle peut manger des pâtes au beurre tout au long de l'année pour pouvoir assister à un grand match, comme une finale.

Si son club gagne, elle est celle qui crie le plus fort ; s'il perd, c'est elle qu'on ramasse à la petite cuillère…

Table des matières

Achevé d'imprimer sur les presses de L.E.G.O. en Italie • Troisième trimestre 2011
Dépôt légal : ISBN 979-10-90553-00-2 • Troisième trimestre 2011

Quiz

Pour tester vos connaissances
et celles de vos ami(e)s...

1 / À qui le Bouclier de Brennus est-il destiné ?

a O au club vainqueur du Tournoi du Top 14

b O au club vainqueur de la Coupe du monde

c O aux invités d'une soirée déguisée à thème « gladiator »

2 / Casque d'Or...

a O est l'autre nom donné au casque de protection que portent certains joueurs

b O est le trophée décerné au meilleur attaquant de la saison

c O est le surnom donné à Jean-Pierre Rives, évoquant ses combats sur le terrain et sa chevelure blonde

3 / En quelle année le Quinze de France a-t-il battu les All Blacks à Auckland sur leur propre terrain ?

a O 1909

b O 1979

c O 2009

4 / Qu'est-ce qu'une cravate ?

a O une question stupide de ce quiz : une cravate, c'est ce que les garçons mettent pour faire chic !

b O une passe faite en avant et non en arrière

c O un plaquage dangereux au niveau du cou sanctionné par l'arbitre

5 / Qu'est-ce que « la cuillère de bois » ?

a O un faux trophée décerné à l'équipe qui perd ses cinq matchs dans le Tournoi des VI Nations

b O un ustensile pour remuer la soupe

c O un accessoire utilisé pendant les matchs par les supporters écolos

6 / L'en-but,

a O il désigne la course du joueur qui va marquer l'essai

b O il désigne la zone située derrière les poteaux où sont marqués les essais

c O vous avez beau chercher dans vos souvenirs d'école, vous ne voyez pas du tout…

7 / Combien de temps un match de rugby dure-t-il ?

a O 80 minutes

b O 90 minutes

c O le temps d'un bon dîner entre amies

8 / Qu'est-ce que le Grand Chelem ?

a O cinq victoires dans le Tournoi des VI Nations pour une même équipe

b O le surnom d'un joueur de l'équipe des All Blacks réputé pour sa carrure

c O le type assis devant vous et qui vous empêche de voir le match

9 / Si on vous dit « Pumas », vous pensez…

a O à des animaux très dangereux que vous n'avez pas envie de rencontrer

b O au surnom de l'équipe nationale d'Argentine

c O à la peluche que vous allez offrir à votre petit frère

10 / Le tee…

a O est le support utilisé par le buteur pour fixer le ballon en position verticale

b O est le nom d'un plaquage sanctionné par l'arbitre

c O vous pensez que les joueurs prennent le thé après un match…

11 / Quel stade surnomme-t-on « La fosse aux Lions » ?

a O le Parlement européen

b O Ellis Park Stadium à Johannesburg

c O le banc des VIP dans les tribunes

12 / Comment appelle-t-on les joueurs de moins de 11 ans ?

a O les Canetons

b O les Chatons

c O les Poussins

13 / Sur le terrain, qu'est-ce que la charnière ?

a O c'est l'autre nom de la ligne de touche

b O le nom des deux demis de mêlée

c O le groupe que forme les avants

14 / Quels joueurs appelle-t-on les « gazelles » ?

a ○ les avants, parce qu'ils sont légers

b ○ les arrières, parce qu'ils courent très vite

c ○ les ailiers, parce qu'ils sont le plus près des spectatrices

15 / Le maillot des joueurs est moulant

a ○ pour offrir moins de prise au vent les soirs de mauvais temps

b ○ pour offrir moins de prise aux supportrices trop collantes

c ○ pour offrir moins de prise pendant certaines phases de jeu

16 / Le nom « Barbarians » désigne

a ○ le titre d'un film avec Brad Pitt dans le rôle principal

b ○ une peuplade venue du Nord de l'Angleterre

c ○ le BRC (Barbarian Rugby Club), le club des joueurs, par les joueurs, pour les joueurs

17 / Les Dieux du Stade

a ○ est un calendrier où les joueurs sont photographiés en tenue d'Adam

b ○ est le surnom des statues qui ornent l'entrée du Stade de France

c ○ sont les dieux protecteurs des sportifs dans la mythologie grecque

18 / William Webb Ellis…

a ○ est la marque de votre lave-vaisselle

b ○ est le nom d'un joueur des Springboks

c ○ a « inventé » le rugby

Réponses : 1a, 2c, 3b, 4c, 5a, 6b, 7a, 8a, 9b, 10a, 11b, 12c, 13b, 14b, 15c, 16c, 17a, 18c